8º Z
LE SENNE
6356

PELGINES M.J. 59

LES DEVOIRS FVNEBRES

rendus à l'heureuse memoire
DE MADAME
CATHERINE HENRIETTE
MARIE DE BEAVVILLIER,
dite de saincte Gertrude,
Coadjutrice de Madame l'Abbesse
de Mont-martre.

Par le R. P. NICOLAS CAVSSIN,
de la Compagnie de IESVS.

A PARIS,
Chez ADRIAN TAVPINART, ruë
S. Iacques, à la Sphere.

M.DC.XXXIIII.

Auec Permission.

NON EST MORTVA
Puella, sed dormit. MATTH. 9.

I ie n'auois appris à deferer dauantage à vos prieres, qu'à mes sentimens, ie me tairois auiourd'huy dans vn discours qui semble estre plus digne de larmes, que de paroles: mais puis qu'il faut assujettir mes pensées à vos raisons, & mes actions à mon deuoir, ie forceray l'estat de la mort, qui est vn silence, pour parler d'vne vie qui ne peut estre muette à la posterité.

Helas! (Religieuse & deuote

A

assemblée.) Ie vous ay porté tant de fois la parole Euangelique sur les plus triomphans mysteres de nostre Religion; faut-il que ie sois auiourd'huy le porteur d'vne parole funebre? Faut-il qu'apres vous auoir ouuert par mes discours les sources de la vie, ie me trouue à l'ouuerture d'vn triste tombeau, & que ie vous marque le trespas d'vne personne si chere par l'octaue de la Natiuité de la saincte Vierge, qui est la Mere de toutes les naissances des Enfans de Dieu.

A parler sincerement ie suis surpris de tous costés en cette rencontre, non seulement en ce qu'estant venu icy sans aucun dessein de prescher, on me donne à mon arriuée vn sujet qui est plus nouueau que ie ne voudrois, & plus triste que ie ne me sçaurois figurer: Mais aussi parce que, comme ie suis si raisonnablement attaché aux interests de cette maison Religieuse, la perte inopinée m'a donné plus de sujet d'estonnement, que de loisir de me recognoistre.

Il est vray que nostre condition nous doit esleuer par dessus les accidens de la vie humaine, & que les afflictions ordinaires du monde, ne doiuent pas faire tant d'impression sur des Esprits qui iouïssent du commerce des Anges; si est-ce que nous auons encore quelque chose d'humain & de tendre dans le cœur, qui fait que ie ne puis contempler ce corps estendu sur la bierre que comme vne fleur naissante trenchée impitoyablement sous la faux de la mort qui en a enleué la dépoüille, pour nous en laisser le regret. Mais trompons, s'il est possible, nos pensees, retirons-les de tant de spectacles d'horreur, pour les nourrir des auant-gousts de la plus douce des vies: Non, cette vertueuse fille n'est pas morte ; mais elle dort du grand sommeil des iustes, attendant que ses paupieres soient esclairees de ce beau iour qui est tousiours en son aurore, & qui n'est iamais en son couchant.

Le but de de ce discours.   Monstrons donc icy que c'est à iuste titre que nous rendons ces deuoirs funebres à la defuncte, non pas comme à vne morte, mais comme à vne image viuante de la diuinité, & voyons comme en l'acquit de nos obligations nous trouuons le fruict de nos vtilitez, par vne serieuse leçon que nous apprenons en ce trespas touchant la condition de la vie humaine, & la façon de bien mourir.

Ce glorieux Apostre de la France sainct Denys, qui a empourpré de son sang la Montagne où ie parle à present, disoit que la vie estoit vne emanation Diuine, tousiours mouuante, & tousiours agissante, quoy qu'elle procede d'vn estre immobile, & du propre seiour de la tranquillité. Elle est originairement en Dieu, comme dans sa source, c'est dans son sein que toutes choses viuent d'vne vie tres-pure & tres-inalterable, pour qui la mort n'a point de traict, ny le temps de vicissitude.

<small>Auāt discours de la vraye vie. ἀεικινησία ἐκ τῆς ζωοποιοῦ καὶ ουτοχικῆς αὐτίας. S. Dionysius cap. 6. de diuinis nominibus.</small>

Et comme Dieu n'a point voulu estre perpetuellement enfermé dans soy-mesme, la bonté le pressant & sollicitant de se respandre sur ses creatures, par vne admirable profusion : Il a ouuert la porte des vies, & a inondé sur toutes choses viuantes, donnant aux vnes la vie vegetatiue, aux autres la sensitiue, aux autres l'intellectuelle. La vie vegetatiue n'a souuent qu'vne aurore, & tãt de belles fleurs qui semblent estre vne gaze façonnée des doigts de Dieu, trouuent leur âge enfermé entre le leuer & le coucher du soleil. La sensitiue combat plus long temps parmy les vicissitudes des ioyes & des douleurs; mais enfin elle cede à la corruption : Il n'y a que l'intellectuelle qui est en effect immortelle, aux Anges & en l'ame humaine: mais à dire vray, elle meurt de la pire de toutes les morts, qui est la priuation de la grace, quand separée de Dieu elle ne vit plus que pour immortaliser ses supplices.

Car representés-vous les erreurs d'vne ame esgarée, qui sort des plus pures idées de Dieu, & de son amiable conduitte, pour contenter ses desirs; Elle fait autant de fautes que de pas, autant de rebellions que de pechés, & autant de desastres que de desreglemens. Elle faict trois sorties audacieuses & infortunées, qui sont autant de morts; par la premiere elle sort Dieu, par la seconde de soy-mesme, & par la troisiesme du prochain: Elle sort de Dieu par l'orgueil; de soy-mesme par la

Des trois morts de l'ame.

A iiij

sensualité; du prochain par la discorde : De Dieu, dis-je, par l'orgueil, lors qu'elle quitte la soufmission de la nature à la grace, du temps à l'eternité, de la creature au Createur : De soy-mesme par la sensualité; entant qu'elle se fond par tous les sens, & s'escoule iettant toute la seve qui luy estoit donnée pour le ciel à produire des branches inutiles de tant de conuoitises qui l'estouffent au lieu de la nourrir. On frappe à sa porte, & rien ne respond : on la cherche dans soy-mesme, & au lieu de trouuer vne raison sur le throsne, on trouue des passions qui comme bestes sauuages sont assises, sur les sieges dont les bons conseils & tres-salutaires pensees sont bannies.

De là il faut necessairement

sortir du prochain par la discorde : car quel accord pourroit auoir celuy-là auec l'Image de Dieu, qui a destruit le Temple de Dieu ? A qui pourroit estre bon celuy qui est mauuais à soy-mesme ? & où porteroit-il la Iustice en triomphe apres l'auoir des-honoree en sa propre maison ? Rien ne luy plaist, parce qu'il desplaist tout le premier au cœur de Dieu : Il n'a la paix auec personne, n'estant pas bien d'accord auec la raison, & au lieu d'estre vn Isaac vray fils d'obeyssance, il se fait vn Ismaël qui a la main leuée contre tous, & qui sent reciproquement la main de tout le monde appesantie sur son iniquité.

Voila les trois sorties que fait l'ame pecheresse de trois mondes, & les trois ombres de mort dont elle est toute couuerte, de sorte que l'on peut dire d'vne personne qui est en cet estat, qu'elle est morte à la plus forte des vies, pour ne viure plus qu'aux tenebres de la mort: mais quant à celle qui quitte la vie vegetatiue & sensitiue, pour entrer plus aduantageusement que iamais dans la vie intellectuelle. *Non est mortua, sed dormit.*

La vraye vie est l'intellectuelle.

C'est ce que ie puis dire à iuste titre, de celle que ie contemple à present sur ce lict funebre, elle ne me semble point morte, mais endormie d'vn paisible sommeil, son visage porte encore ie ne sçay quoy de vif, & la mort ne peut effacer les derniers characteres que son ame, dās vne sortie si tranquille a im-

La defuncte vit de cette vie.

primé sur vne chair mourante. Elle n'est pas morte, puis qu'elle a passé entre les bras de la vie, où rien ne meurt: Elle n'est pas morte, puis qu'elle vit dans l'esprit de IESVS par la grace ou par la gloire, dans nos cœurs par l'amitié, dans nos pensées par la souuenance, dans l'admiration de tous ceux qui ont cogneu sa belle ame par la plus esclatante image de ses vertus.

C'est pour cela que nous luy rendons ces deuoirs, autant Religieux en pieté, qu'ils sont officieux en leur recognoissance, ainsi qu'vn argét deu & tant plus legitimement, qu'il est deu par des mortels, qui doiuent tous rendre leur tribut au tombeau. C'est l'acquit de nostre consciéce, c'est la gloire de Dieu qui veut que ceux qui ont fermé l'œil en la Foy & Religion Catholique, non seulement reçoiuent les assistances des prieres, mais aussi des honneurs funebres, pou faire florir la memoire des morts dans la pieté des viuans, & éterniser les vertus, qui sont ses plus viues images.

Nous souffrirons que la terre nous rauisse ce corps, puis qu'il a pleu à Dieu d'en ordonner ainsi : mais nous ne permettrons pas que les belles actions d'vne si grande Religieuse ne soient autrement celebrees que dans le temple de l'oubly, & preschées seulement par le silence. Il est vray que c'estoit vn bouton de roses qui tenoit encore toutes ses beautés enueloppées, & que les perfections d'vne ame si celeste, estoient r'amassées cóme en vn poinct; si vne plus longue vie en eust fait vne parfaicte ligne, nous aurions bien de quoy parler; mais iamais nous n'aurions sujet d'aymer d'auantage, veu que les dons de Dieu se sont rendus en elle d'autant plus aymables, que le corps estoit ieune d'âge, lors que l'ame auoit atteint tant de maturité.

Dieu, qui gouuerne nos vies & nos fortunes, l'auoit fait naistre d'vne Noblesse tres-ancienne, & luy auoit donné pour pere Messire Honorat de Beau-villier, Comte de sainct Agnan, Maistre de camp de la caualleríe legere, & pour mere Madame Iacqueline de la Grange, fille de Monsieur le Mareschal de Montigny. Si

Qualitez & vertus de la defuncte, qui monstrent qu'elle est viuante.

Sa noblesse.

nous voulions icy rechercher les hautesses de sa tres-illustre & tres-puissante maison, elles seroient pour remplir des volumes, puisque l'on pourroit faire voir la tige de sa race dans le throsne des Empereurs de Constantinople, lors qu'elle fut la conqueste des François, & monstrer comme estant sortie du sang de France, elle touche les plus eminentes familles de toute la Chrestienté par extraction ou par alliance. Mais puisque l'Apostre nous deffend de nous estudier à des Genealogies qui sont sans fin, & qu'il est plus seant dans la loüange d'vne personne Religieuse de compter la race des vertus que celles des hommes, nous laisserons volontiers ce trauail à ceux qui le peuuent esclaircir auec plus de bien-seance.

Elle nasquit au chasteau mesme de sainct Agnan, comme pour augure qu'elle deuoit prendre part à la douceur & à la bonté de ce grand Prelat ; les approches des Equinoxes du printemps & de l'automne ont marqué sa vie & sa mort, qui estoit, à mon aduis, vn presage que toutes ses actions deuoient tenir des routes ajustées à proportion de l'egalité, que les iours & les nuicts ont dans cette saison. Elle auoit dans le siecle tous les aduantages que promettent les grandes naissances, vn esprit clair & lumineux dans vn corps fort accomply, qui ressembloit ce soleil d'or que les Perses auoient enchassé dans vn globe de cristal. Son œil estoit

Sa naissance.

Soleil d'or des Perses dâs vn cristal. Brislon.

plein de viuacité, sa langue de douceur, son port de majesté; autant de pas qu'elle faisoit, c'estoient autant de marques de sa generosité.

Tant de beauté, tant de grace, tant de gentillesse, la promettoit toute au monde; mais la vertu la donna toute à Dieu. Elle a succé la pieté auec le laict, & n'a point eu, ce semble, d'autre mammelle que la saincte Religion. C'est là que Dieu pour la façonner à l'escole du ciel, luy a donné Madame l'Abbesse de Mont-martre vne vraye tante qui luy a tousiours seruy de Mere & de Maistraisse, & qui la touchant de si prés luy a versé l'esprit de pieté, par la communication du sang.

A peine auoit-elle vn mois de

de vie sur la terre lors qu'elle commença à contracter des aliances auec le ciel; car Madame sa tante passant par le chasteau de S. Agnan, lors qu'elle alloit prendre possession de l'Abbaye de Beau-mont, la prit entre ses bras, luy donna sa benediction, l'offrant deslors à Dieu, & le priant auec vne pure affection, & vne sincere deuotion qu'il fust l'entier possesseur de cette petite creature. Ce souhait ne tomba point à terre; mais il fut escrit dans le ciel du doigt de la prouidence Diuine.

Benediction des enfans de bon augure.

A l'âge de six ans & demy elle est enleuée par Madame de Fresne d'vn pieux larrecin, & digne du zele d'vne si bonne ame, d'entre les bras de sa mere qui l'aymoit tendrement, pour

Entrée à la Religion.

B

estre mise entre les bras de la Croix, dans le Monastere des Martyrs ; & à sept ans de son propre motif, elle fait vœu de virginité. Elle ressembloit les petites lyonnes qui grattent le ventre de leur mere, du desir qu'elles ont de naistre au iour. Elle pressoit sa naissance à la Religion, elle brusloit d'affection de porter les liurées des seruantes de Dieu, & le soleil qui fait tant de millions de lieuës en vn iour, n'alloit iamais aussi viste que ses desirs.

Ælian. de animalibus.

Sa requeste luy fut accordée à l'âge d'onze ans & vn mois, qui fut le vingt-sixiesme Auril de l'année mil six cens vingt-cinq. Iamais elle ne vid iour plus riant que celuy-là ; elle estoit esclairée des yeux de la Reyne qui fauorise toutes les

Sa vesture mespris des vanitez.

œuures de pieté & de religion par vne affection tres-singuliere, & qui souftient les hautesses de sa gloire par vne douce modeftie, & vne rauiffante bonté qui semble eftre née auec son corps. Elle eftoit en veuë de quantité de Princes & de Princeffes d'vne Cour triomphāte, lors qu'elle se despoüilla des hautes parures du siecle, & de tous les ornemens du monde auec tant d'allegreffe & de courage, qu'il sembloit que Dieu ne luy auoit donné les chofes que les mondains adorent, que pour les fouler aux pieds. Tant de petites Deeffes paiftries de bouë & groffes de fumée, ne voudroient pas quitter pour l'amour de Dieu vne de leurs mouches : Elles abandonneroient le ciel & les aftres, pour

B ij

retenir la glace de leur miroir; & celle-cy sortit de tout l'esclat d'vne grāde fortune aussi volōtiers qu'vn prisonnier quitteroit sa chaisne, pour ioüir des douceurs de la liberté. Sa profession suiuit cinq ans apres, où elle arresta d'vne fermeté inesbranlable, tout ce que les premieres pensées de son cœur auoient projetté. La mere, qui l'aymoit auec trop de passion, fit de grands efforts pour la retirer du Monastere de Mont-martre, la menaçant de ne la voir iamais si elle n'entendoit à sa sortie, mais elle luy respondit franchement, qu'elle estoit donc resoluë de ne la voir plus qu'en Paradis, puisque ses conseils estoient incompatibles auec les resolutions qu'elle auoit prises, de n'abandonner

Sa profession.

iamais le sang des Martyrs, pour obeyr à la voix de la nature.

Depuis elle commença à viure de la vie que les Anges viuent au ciel, & que les ames les plus pures taschent d'imiter sur la terre. Sõ âge a esté fort court dans le nombre de ses annés; mais sa vie bien longue dans l'estenduë de ses vertus. Elles sembloient desia toutes combattre en elle, & toutes disputer la palme, mais elles ne la disputoient que pour luy donner le triomphe.

Si la deuotion est le premier nœud par lequel nous tenons à Dieu, l'ayman qui tourne l'ame à son pole, la chaisne d'argent qui lie le ciel auec la terre; Elle a monstré dés ses plus tendres années de tres-grandes inclinations à l'oraison, & aux entretiens auec Dieu : Comme elle estoit doüée d'vn rare esprit, elle prenoit volontiers de l'esclaircissement sur toutes les maximes de la Religion & l'œconomie des vertus : Elle affectionnoit extremement la lecture des liures pieux, & ce desir luy est demeuré si viuement imprimé, qu'il sembloit qu'aymant à lire encore vn peu deuant sa mort, elle voulust laisser son ame sur les pages d'vn bon liure. Tout ce qui estoit escriture dans les liures, & parole dans la bouche des Predicateurs, deuenoit œuure dans ses mains, & exemple dans ses mœurs.

Sa deuotion.

Elle estudioit Dieu, comme les Peintres font la Nature, ne se contentant pas de l'admirer; mais s'efforçant tous les iours de plus en plus de le feruir & de l'imiter. Sa deuotion enuers la tres-facree Vierge, luy eftoit paffée comme en nature : Elle entra en Religion la veille de fa Natiuité : Elle adjoufta pour fon honneur le nom de Marie à ceux de Catherine Henriette, qu'elle auoit receus en fon Baptefme. Elle a feruy paffionnément cette grande Reyne du ciel pendant fa vie ; elle eft fortie du monde la mefme folemnité qu'elle eft née, fermant fa vie, lors que nous fermions fon octaue.

L'obferuance des aufteritez Religieufes luy eftoit fi recommandable, qu'elle portoit des fardeaux par deffus la tẽdreffe de fon âge, & l'infirmité de son corps, iusqu'à jeusner les quarante iours, dans vne continuelle langueur de maladie, qu'elle dissimuloit auec vn extreme courage, craignant que si elle estoit recogneuë, cela n'apportast quelque relasche aux fonctions de sa deuotion : Elle ne cessoit tant qu'il luy estoit loisible, de trauailler pour l'ornement des Autels, & comme les petites abeilles qui sont neés parmy le miel courent incessamment apres les fleurs : aussi estant née quasi dans le sanctuaire, elle s'occupoit continuellement sur les choses sacrées.

Si l'humilité est la baze de tout l'edifice spirituel, & la vertu de Iesus-Christ, vertu qui fait des abysmes de neant, que Dieu se plaist à remplir d'vne

grande capacité de lumieres: Son hu-milité.
Elle a esté vrayement humble,
ayant de tres-petits sentimens
de soy-mesme, lors que tous
ceux qui la cognoissoient, en
prenoient de tres-grands : Elle
cachoit ses vertus aussi soigneu-
sement que les plus ambitieux
mettroient peine de manifester
leur gloire. C'estoit vne estoille
qui se plaisoit dans la nuict des
iustes, & qui n'auoit iamais plus
de contentement que de se voir
comme ensevelie dans les lumieres d'autruy. La dignité de
Coadiutrice qui luy fut donnée par le Roy luy sembloit
plustost vn supplice qu'vn honneur, c'estoit vn de ses plus ar-
dans souhaits de mourir deuant Madame sa tante, pour
ne se voir point obligée à cette
charge, & iamais elle ne l'acce-

pta que sous l'esperance que si la vie luy en donnoit le titre, la mort luy en osteroit l'effect. El-

Alban animal, habet fel in aure. Albertus.

le ne ressembloit pas plusieurs grands qui sont comme ces animaux qui ont le fiel en l'oreille, & ne reçoiuent qu'auec aigreur les reprehensions de leurs fautes; car elle aymoit singulierement qu'on l'aduertist de ses deffauts, & disoit souuent à vne bonne Sœur conuerse, qui auoit soin de sa personne : Ie crains que les autres ne m'applaudissent par vne bonté qui leur est naturelle, & que l'œil de la bien-vueillance ne les empesche de voir mes taches ; mais quant à ce qui vous regarde vous me ferez plaisir de ne me point espargner, & de m'aduertir librement de tous les desordres que vous pourrés remarquer en moy, & i'espere que vous recognoistrés autant de docilité pour mon amendement, que vous apporterés de liberté à me reprendre. Ce n'est point là vn effect de ces humilités sophistiquées, qui font contenance de viure dans les abysmes, & ne peuuent supporter vn verre d'eau sans se noyer: La moindre censure de leurs actions les met en fureur, & pensent que ce soit les traitter auec des rigueurs insupportables que de leur porter vne verité.

Si l'obeyssance est le ciment qui lie les Religions, & la vertu qui parle & qui presche les victoires comme nous sçauons par l'Escriture: Iamais vid-on rien de plus obeyssant que cet-

Só obeysance.

Prouerb. 21 Obediens loquetur victorias.

te bonne Religieuse? son'esprit tournoit dans l'esprit de Madame sa tante, comme vne petite sphere dans vne grande. Elle n'auoit rien en sa disposition, non pas mesme ses propres pensées, qui semblent nous deuoir estre aussi libres que les rayons sont au soleil. On la tenoit en esperance de commander, & elle se mettoit en exercice d'obeyr. Ses delices estoient d'estre sous les pieds de tout le monde, pour auoir Dieu sur la teste. La bonne Sœur conuerse qui luy estoit donnée pour la seruir, trouuoit vn Empire dans les seruices qu'elle luy rendoit; car elle luy obeyssoit ponctuellement en toutes choses, (mesme depuis qu'elle fut choisie pour estre Coadiutrice) auec tant de douceur, d'humilité & de perseuerance, que qui les eust veu conuerser ensemble, on eust eu de la peine à discerner la sujette d'auec la superieure.

Si la patience tient chez-soy la perfection de toutes les bonnes œuures, il faut necessairement aduoüer que cette saincte Fille estoit venuë à vn haut degré de vertus: car elle a esté extremement patiéte. La mort n'est pas venuë fondre sur elle comme vn tourbillon, pour rauager tant de beautés qui estoient en fleur; mais elle l'a cauée à longues traittes, la tenant trois ans & demy dans des grãdes & fascheuses maladies, qui faisoient de sa vie vn continuel tourment. Cependant en vn àge si tendre, & vn corps si sensible, & des dou-

Sa patience.

leurs qui alloient quelque-fois iusqu'à l'extremité : iamais on n'a remarqué en elle vn seul traict d'impatience. Elle demeuroit attachée sur la Croix de l'amour de Dieu, imprimant sur sa chair par vne admirable reflexion les playes de son Espoux navré pour elle. Ne peut-on pas dire à bon droict d'elle, ce que Saluien disoit d'vne Dame malade ? Iamais elle ne fut plus digne de loger Dieu chés-soy, que lorsque son corps estant abbatu par la violence du mal, elle releuoit son courage par dessus tout ce qui estoit humain, & faisoit à IESVS vn Paradis dans ses peines par la bonne odeur de sa patience.

Enfin, si la charité est le Diadême d'honneur qui couronne toutes les grandes vertus, où

Saluianus in epistola ad Catturam.

Sa charité

trouuera-on vne ame plus dépoüillée de soy-mesme, & plus remplie de l'amour de Dieu & du prochain ? Elle auoit vn cœur tendre & plein de compassion sur toutes les ames souffrantes, & vous eussiez dit qu'elle commençoit desia à porter dans son ieune cœur les cœurs de tout le monde. Tous les amours du siecle s'estoient écartez de ses pensees, qui furent si promptement dés ses plus ieunes annees dans la possession de Dieu. Elle ne tenoit qu'à luy par le nœud de ses chastes affections, & regardoit toutes les creatures, comme des emanations de sa bonté. Elle n'auoit autre pensee que de le seruir, que de luy plaire, que de l'imiter, que de souffrir pour luy & se conformer à toutes

S. Hilarius Arelatensis de s. Honorato. Omnium mentes vna mente gestabat.

ses volontez. Elle sembloit auoir au commencement quelqu'amour raisonnable pour la vie, qu'elle voyoit estre si chere à tant de bonnes seruantes de Dieu : mais depuis qu'elle vid que son mal s'opiniastroit contre tous les remedes, elle se monstra si resignee à mourir, & s'y porta auec tant de courage, qu'elle sembloit desia effleurer les joyes de l'autre vie. Il ne luy fallut point déguiser les approches de la derniere heure par des paroles ambiguës; elle voulut voir venir la mort, & l'enuisagea d'vn œil riant, comme s'il eust desia esté esclairé des gloires de sa beatitude.

Ie me figure qu'elle s'estoit bien profondement imaginee la nudité de IESVS sur la Croix :
car

car elle mourut si fort dépouïl-
lee, qu'ayant demandé par sur- *Sa morti-*
prise quelque petite chose à la- *fication*
quelle elle auoit de l'appetit *remar-*
dans les grandes ardeurs de son *quable.*
mal, elle en entra soudainement
en scrupule, & dit qu'il ne falloit plus viure selon la nature,
& selon le goust humain ; mais
imiter son Espoux qui donnant tout son sang, n'auoit peu
auoir à la mort vne goutte
d'eau, emportant la soif du
monde, qu'il auoit inondé
des sources de sa bonté, & rem-
ply de ses merueilles.

 Ceux qui l'ont contemplée
dans ce dernier combat, l'ont
veuë mourir auec tant de reso-
lution, tant de pieté, tant d'a-
ctes de foy, d'esperance, de charité reiterez les vnes sur les autres, que si les Anges estoient

C

dans des corps mortels, ils ne pourroient faire ce mestier auec plus de gloire. Elle esclairoit iusqu'à l'ombre de la mort par les rayons de sa constance, & son ame dressoit autant de trophees, que ses yeux iettoient de regards, & que sa langue prononçoit de paroles.

Vray Dieu quelle douceur de se ressouuenir d'vne personne si genereuse! mais quel supplice d'en estre priuez pour iamais! Elle est morte en l'aage où meurent les plus regrettables: mais d'vne mort qu'on ne peut iustement regretter sans faire tort à sa memoire. La surprise de cette rencontre, & l'empressemét de l'office m'ont fait passer fort legeremét tát de belles actions, qui se garderont mieux en vos memoires, qu'elles ne sçauroient estre deduites par ma parole.

MADAME, qui presidez à ce grand Chœur des Vierges, il faut aduoüer que Dieu vous a pris auiourd'huy par la partie la plus sensible, & que si vous auiez sujet de tenir encore à la terre, c'estoit par cette racine. C'estoit vostre sang, vostre nourriture, vostre chere disciple, qui auoit esté esleuee en vostre sein, & qui vous rendoit par vne heureuse reflexion l'image de toutes vos vertus. Les petits rossignols n'apprennent pas plus diligemment les fredons, les tirades, les entrelassures de leur mere, qu'elle apprenoit toutes vos belles instructions. C'estoit en elle que toutes vos esperances commençoient à germer, & que vostre

Apostrophe à Madame de Montmartre.

C ij

aage des-ja aduancé se reposoit du soucy de ce grand Monastere. Elle entroit dans vos soins, elle appuyoit vos sages conseils, elle partageoit vos desplaisirs. Vn seul rayon de son visage estoit capable de dissoudre les nuages que tant de diuerses affaires amassent dans la vie humaine, elle n'auoit pas encore passé l'aage des filles, & elle se trouuoit mere, capable de commander par merite, mais tousjours en sousmission par son obeyssance. Et maintenant vous la voyez enleuee de vos costez pour estre mise au tombeau, & tant de perfections estre quasi bornees par le poinct de leur naissance.

Cela seroit capable d'esbranler vn esprit moindre que le vostre; mais ce grand Dieu qui

sçait ce qui nous est conuena-
ble, veut perfectionner le ta-
bleau de vostre vie, par l'image
de la constance que vous auez
faict reluire en vn si triste & si
deplorable accident.

Courage, Madame, elle n'est
point morte pour vous, cet
Ange tutelaire qui veille sur
ces montagnes sur vostre pro-
tection exaucera ses prieres, & ne permettra pas que vous soyez accablee sous le faix de cette affliction. *Que la defuncte n'est point morte pour elle.* Il animera vos
esprits, il redoublera vos for-
ces, il augmentera vostre reso-
lution, il fera naistre vn autre
rameau d'or dans vostre parc,
puis qu'il a pleu à la prouidence Diuine de transporter celuy-
cy dans le repos des iustes, d'où
il estoit semé.

Vous auez experimenté tant

de diuersitez des temps & des saisons, des trauerses meslees auec des ioyes, des espines auec des roses, des tourmens auec des gloires, & iamais pour cela vous n'auez rien perdu de l'egalité de vostre esprit, vous n'auez rien diminué de vostre zele, rien relasché de vos bons desseins, la main de Dieu vous a conduite parmy tant d'affaires, & vous a fait reussir auec des succez merueilleux.

Le plus auguste des Empereurs disoit qu'il auoit trouué vne Rome de briques, & qu'il la laissoit de marbre. Mais vous pouuez dire auec toute humilité qu'ayant trouué vne montagne des Martyrs de fange & de fumier, vous l'auez fait reluire en or & en azur; vous auez basty, orné & enrichy la mai-

Suetonius in Augusto cap. 29.

son de Dieu de pierres materielles & spirituelles. Vostre zele a effacé la tache que la dissolutiõ passee auoit imprimée sur la cendre des Martyrs, a donné de la lumiere aux choses tenebreuses, du reglement aux desreglees, de la fermeté aux chancellantes, de la deuotion aux tiedes, de la nouueauté aux anciennes, de l'authorité aux nouuelles, de l'ordre & de la grace à toutes les affaires de vostre Religion. N'estimez pas que cette grande main du ciel qui a faict par vostre ministere tant de merueilles, abandonne ses ouurages au besoin, & laisse ses desseins imparfaicts: Pour vne niepce defuncte elle vous laisse plus de cent quarante filles qui seront tousiours les obiects de vostre sincere affection, comme elles sont les sujets de vostre bonne conduite.

Qu'elle vit pour ses Religieuses.

Mes reuerendes Meres, & tres-cheres Sœurs. Ie sçais comme la compassion que vous auez pour Madame vostre Abbesse est égale à l'amour & au respect que vous conseruez à la memoire de sa Coadiutrice: vous la cherissiez auec toutes les tendresses possibles, comme elle vous portoit desia toutes dans son cœur. Vous la regardiez comme vne aurore naissante, & la voila dans son couchant, vous l'admiriez comme la plus belle fleur de vostre parterre, & la voila accablee sous l'orage, vous la contempliez comme vn bel astre, & la mort vous l'a mise en eclipse. C'estoit l'vne des plus grandes consolations qui vous restoit sur terre, puisque vous esperiez voir vn iour reuiure en sa personne les vertus & les actions de celle à qui vous auez l'obligation du bien spirituel & temporel de cette saincte Montagne. Si Dieu vous priue d'vn si grand bien lors qu'il commençoit à esclatter deuant vos yeux, ce n'est pas que vous en soyez indignes, mais c'est que le Paradis en est plus digne que vous.

Vous ressembliez ces peuples à qui Dieu ayant donné des Roys dãs le plus bas âge de l'enfance, auoient coustume de les porter aux armees, & combattre autour de leur berceau, ce qui animoit tellement le courage des soldats, qu'il les faisoit fondre comme tempeste dans les plus effroyables perils des batailles pleines d'esclairs, & he-

Justinus lib. 7. de Macedonibus.

rissees d'espees & de lances. Cette genereuse fille vous auoit esté donnee quasi dés le berceau pour estre vn iour vostre Abbesse, & côme vous côsideriez en sa plus tendre enfance tant de rayons de la Diuinité, cela réchauffoit vos courages, esleuoit vostre esperance, regloit vos desseins, & gouuernoit vostre conduite dans cette milice spirituelle. Ne pensez pas en estre auiourd'huy destituees : cette belle ame sortie des liens du corps caduque & perissable, s'en va dans vn Royaume de clairtez, dans vn Palais d'Anges & de mysteres, où les beautez n'auront plus de voile pour elle, où elle verra les estoilles sous ses pieds, & la face du Dieu viuant sur sa teste. Son soin n'abandonnera point cette

Montagne qui l'a si cherement nourrie : elle sera tousiours auec vous, & vous serez auec elle, de cœur, d'amour, d'affection, de respect, d'admiration, soit que le soleil effleure de ses premiers rayons la cime de Mont-martre, soit qu'il soit dans son couchant, soit que la nuict tende vn voile sur toutes les choses mortelles, vous verrez sa bien-heureuse Image dans vos veilles, dans vostre sommeil, dans l'oraison, dans l'action, dans le repos : Elle presidera aux côcerts rauissans des loüanges que vous rendez à son bien-aymé, elle marchera à la teste de vostre escadron, qui n'aura desor-mais point d'estendar plus aymable que la memoire de ses vertus.

Tant s'en faut que cette

mort vous doiue abbattre le courage: elle est, à mon aduis, arriuee pour augmenter vostre ferueur, & vous obtenir vn secours du ciel plus present & plus fauorable. Mont-martre ne meurt iamais, depuis que les Martyrs qui nous ont versé leur sang & leur foy par vn mesme canal, y sont morts. C'est le premier theatre du Christianisme de la France, l'escole où sainct Denys conuersoit auec les Intelligences, le petit ciel de Paris, le monument de l'Vniuers. C'est le cher berceau de nostre compagnie, où sainct Ignace auec ses premiers compagnons dressa le plan de la cité de Dieu : C'est là où il commença le dessein de ses grandes conquestes, c'est là que l'enfer hurla sous ses pieds,

La gloire de Mont-martre.

& que le Ciel ſe mit tout en faueurs ſur ſa teſte, c'eſt là où il s'immola d'eſprit ſur les cendres des Martyrs, & meſla les larmes d'vne ardante deuotion ſur les impreſſions de leur ſang. Pluſtoſt les roſſignols feront leur nid dans la Seine, pluſtoſt les poiſsōs habiterōt ſur les hautes montagnes, pluſtoſt le ciel portera des eſpines, & la terre des eſtoilles, que nous perdions la memoire de ce bienfaict, & que nous oublions les pretieuſes marques de noſtre bas âge.

On dit qu'vn iour vn ancien interrogé quelle eſtoit la premiere & la plus illuſtre montagne du monde, en monſtra vne dans la Grece, où eſtoiēt morts quelques braues Capitaines pour le ſalut & la gloire de leur

Philoſtratus in vita Apollonÿ.

patrie, faisant passer vne honorable reputation de leur vie, iusqu'aux cendres de leur tombeau. Si on me faisoit la mesme question, ie ne monstrerois point ces montagnes qui s'en vont affrontant le ciel par leur hauteur démesuree: non celles qui portent sur leur cime les magnifiques Citez & les Palais des Monarques, non celles qui ont seruy de champ de bataille aux grandes armees : mais celle-cy qui empourpree du sang, & marquee des combats de nos valeureux Martyrs, leur à seruy d'eschelle au ciel, & sert maintenant à nos yeux d'vn continuel spectacle de pieté.

Antiquitez des villes de France

Dés l'an mil cent trente-trois, Loüis le Gros jetta les fondemens de ce Monastere, & l'an mil cent quarante-six Eugene III. dédia l'Eglise par vne Messe solemnelle, où sainct Bernard fut le Diacre, & Pierre de Clugny le Sous-diacre. Deslors cette Montagne a esté regardee comme le cœur de la France, & les Religieuses côme les Vestales qui deuoiēt garder le feu eternel de l'amour de Dieu auprés des cendres des Martyrs. Deslors le sainct Pere les prit en sa protection, & les honora de beaux priuileges qui ont esté depuis confirmez par vne grande quantité de Bulles authentiques que les Papes ont accordees liberalement à cette maison. *par M. du Chesne.*

Ce lieu merite d'estre hanté & reueré, non seulement de tout Paris, mais de la France, & de la Chrestienté vniuerselle, puis qu'il est le premier theatre du premier Apostre de France qui nous a engendrez au Christianisme. C'est deuant luy que le Roy Dagobert mettoit bas le sceptre & la couronne, deuant luy que Philippes premier marchoit a pieds nuds, deuant luy que Charlemagne, vn esprit aussi grand que le monde, qui a égallé ses armes à l'Vniuers, & ne les a surpassees que par la pieté, confessoit que son territoire estoit le champ où il moissonnoit toutes les palmes. C'est à ses pieds que Madame vostre Coadiutrice a rendu sa bien-heureuse ame, toute couuerte de sa protection, toute appuyee de ses merites, toute couronnee de ses couronnes immortelles.

Ne disons point qu'elle est morte,

morte, mais que les yeux du corps estans fermez d'vn paisible sommeil, ceux de l'esprit sont ouuerts pour contempler au ciel les grandeurs qu'elle a adoré sur la terre. Rendons à sa memoire tous les deuoirs qui nous seront possibles, & si nous auons aymé ce soleil en son leuant, ne le mesprisons point en son couchant. Celuy qui a fait les bien-faits, a faict des fleches d'or qui percent tous les cœurs genereux, il n'y a que les poictrines de roches qui leur resistent : Elle vous a cheries & obligees toute sa vie; & vous luy rendrez le reciproque à la mort. Le bon amour ne meurt iamais, il tient tous les temps, & l'eternité luy ouure ses portes : la vraye amitié, selon la *Lilius Giraldus.*

peinture que les anciens en ont faicte, porte sur le front *l'hyuer & l'esté*, pour nous apprendre qu'elle honore en toute saison : elle graue sur son cœur *de loin & de prés*, pour nous signifier que la distance des lieux ne porte point de preiudice à la sincerité de son affection ; elle a au bas de la robe *la vie & la mort*, pour nous enseigner qu'elle est plus forte que le trespas.

<small>Le profit que l'on doit tirer de la mort</small> Nous profiterons de nos deuoirs, & apprendrons de cét office funebre deux belles leçons, dont la premiere sera dans l'imitation de ses vertus, que la briefueté du temps m'a rauy, sans les dérober à vostre cognoissance : & la seconde nous monstrera la resolution auec laquelle vous

deuez attendre la mort, qui se change pour les bonnes Religieuses en vne meilleure vie.

Nous roulons icy comme des flots en la mer, nous nous poussons l'vn l'autre sans y penser au tombeau, & n'y a sexe, ny condition, ny aage qui se puisse asseurer de la vie, quoy qu'il y ait tant d'asseurance en la mort. Cette heureuse fille est passee en l'autre monde le iour que les anciens faisoient la feste de la mort & de la Ieunesse à vn mesme autel, comme pour nous apprendre que l'aage le plus florissant ne laissoit pas de rendre son tribut au cercueil. Les Machabees auoient des figures de nauires voguans à voile desployee sur leur tombeau, & Iosué vn soleil sur le

Pantaleonis diariū ad xv. Septemb.

Machab. lib. 1. c. 13.

Serrarius in Iosué.

sien, comme voulant dire, qu'il n'y auoit vistesse pareille à celle de la vie, qui court tousjours au pas du premier astre de l'vniuers, & qui se creue à la pierre du sepulchre.

Tout passe icy bas, tout s'escoule, & le meilleur mestier que l'on sçauroit faire en ce monde, c'est de bien passer & de bien couler. Il y en a qui viuent vne vie de limaçon, qui font force tirades d'argent dans la nuict du siecle : mais le soleil à son leuer faict paroistre que ce n'est que de la baue d'vn chetif animal.

Tant de parures du monde, tant de fortunes d'or & d'argent, tant de pompes, tant de bruit autour des grands & des riches ; mais le iour de Dieu faict voir que tout cela n'est que pourriture. O mille fois heureux ceux-là qui peuuent fermer les yeux en la saincte Religion, à la façon que celle-cy les a fermees, ouurant largement son cœur aux esperances de son immortalité.

Que peut apprehéder vne bóne Religieuse qui a passé toute sa vie dans les exercices de penitence, qui s'est immolee en tant de sacrifices d'amour, qui s'est crucifiee en tant de membres & en tant de Croix, qui s'est abandonnee aux loix de l'obeyssance, qui a consommé tous ses pechez dans vn brasier d'amour de Dieu? Ne faut-il pas aduoüer, que si l'humilité luy faict craindre Dieu comme Iuge, la misericorde le fait aussi regarder d'vn œil d'espouse, & entendre le cry de la mort comme le son de la trompette qui l'appelle à la couronne parmy l'allegresse des montagnes de Sion, & la resiouyssance de toute la nature?

Isa. 55.

Quand est-ce que les laboureurs se resiouyssent, dit sainct Chrysostome, sinon quand ils voyent le grain battu dans la grange, separé de son espic, & desia prest d'estre mis au grenier? Quand il estoit encore sur la campagne cela les tourmentoit d'vn perpetuel soin, chaque moment les faisoit craindre, chaque orage les faisoit trembler, chaque alteration des saisons donnoit de l'alteration à leur esprit; mais depuis qu'il l'ont veu tomber sous la faux du moissonneur, battu, vané, purgé, ils triomphent de ioye, & viuent dans

S. Chrysostom. homil. 41. in 1. ad Corinth.

la douceur du repos. C'est ce qui arriue à la mort des gens de bien, tant qu'ils estoient en vie dans l'incertitude du salut, il falloit trásir, souspirer & palir: mais depuis que le corps succombant sous la faux de la mort, a faict vn libre passage à l'esprit, pour se reioindre à son principe: c'est alors qu'il faut entrer dans vne grande confiance de la bonté de Dieu, & vne forte esperance de leur salut.

O mort! tu n'as rien fait en moissonnant auiourd'huy cette petite creature, comme vn espic desia meur en perfection, quoy qu'elle n'auoit pas atteint la maturité de l'aage, n'ayant que trois fois sept. Mais elle estoit assez meure pour le Ciel, assez meure pour son Espoux qui la reçoit dans ce Chœur trióphant des Vierges. de Sió. Que l'on ne me peigne plus la mort auec tant de grimaces & d'horreurs, ie la trouue belle auiourd'huy quand ie la contemple sur ce visage, où les graces ne sont point encore eclipsees, & sentent plustost vne certaine impression de la source des vies, que la poussiere du tombeau.

Et que sera-ce quand au iugement de Dieu qui viendra, les esclairs & les couronnes entre les mains, ce corps sortira du sepulchre où nous l'allons mettre comme en depost, pour estre reuestu des gloires de la Resurrection. Les Anges ramasseront auec estude ces precieuses reliques, & diront à cette triomphante espouse de

IESVS. Tenez, voila les cheueux dont l'amour du monde penſoit faire des filets & des pieges; mais vous les donnaſtes à IESVS dés l'aage d'onze ans, & voila qu'il vous les rend plus beaux que les hautes parures de l'aurore.

Tenez, voila le front que vous conſacraſtes à la pudeur, qui a eſté honorée dans voſtre corps comme dans ſon propre temple. Voila les joües qui par ce vermillon de roſes meſlé auec les fleurs de lys, n'ont ceſſé de teſmoigner la modeſtie de voſtre conuerſation. Voila les yeux qui eſtoient allumez des flammes du plus pur des amours, & qui iettoient des regards de colombe. Voila les oreilles qui s'eſtant fermées pour iamais aux Sirenes du monde, ne s'ouuroient que pour receuoir les paroles & les commandemens de Dieu. Voila la langue qui estoit l'instrument de ses loüanges; Voila les levres qui faisoient vne porte de corail à la chasteté de vos paroles: Voila le sein qui portoit l'Euangile & les secrets de Dieu. Voila le cœur qui brusloit incessamment pour son amour, & qui estoit comme le foyer sacré d'où sortoient vos desirs pour aller ioindre le throsne de vostre Espoux. Voila les mains qui se sont tant de fois ouuertes au soulagement du pauure. Voila les doigts qui ont trauaillé à tát de pieux ouurages. Voila les pieds qui ne sçauoient quasi autre chemin que celuy de l'Eglise. Voila tout ce beau corps, qui fut immolé si ieune à l'ancien des iours. O la mort du Phenix entre les palmes que la mort des iustes! ô la mort qui n'a rien de mortel qu'elle mesme! ô la vie tousiours viuante! ô la gloire à iamais triomphante! Puissions-nous mourir à la façon, afin que suiuant les routes virginales d'vne vie si espuree, nous ayons le bon-heur de prendre part à sa couronne, comme nous prenons auiourd'huy vne viue esperance de sa felicité.

F I N.

Permission du R. P. Prouincial de la Prouince de France.

Estienne Binet, Prouincial de la Compagnie de Iesus en la Prouince de France, suiuant le Priuilege octroyé à la mesme Compagnie par le tres-Chrestien Roy de France Loüis XIII. à present regnant, le 14. Feurier 1611. par lequel il est deffendu à tous Libraires, Imprimeurs & autres, d'imprimer ou faire imprimer, vendre ou distribuer aucuns liures composez par ceux de ladite Compagnie, sans leur permission. Permet à Adrian Taupinart marchand Libraire à Paris, d'imprimer vn liure intitulé *Les deuoirs funebres, &c.* composé par le *R. P. Nicolas Caussin*, pour le temps & espace de trois ans. Fait à Bourges ce 7. Octobre 1634.

ESTIENNE BINET.

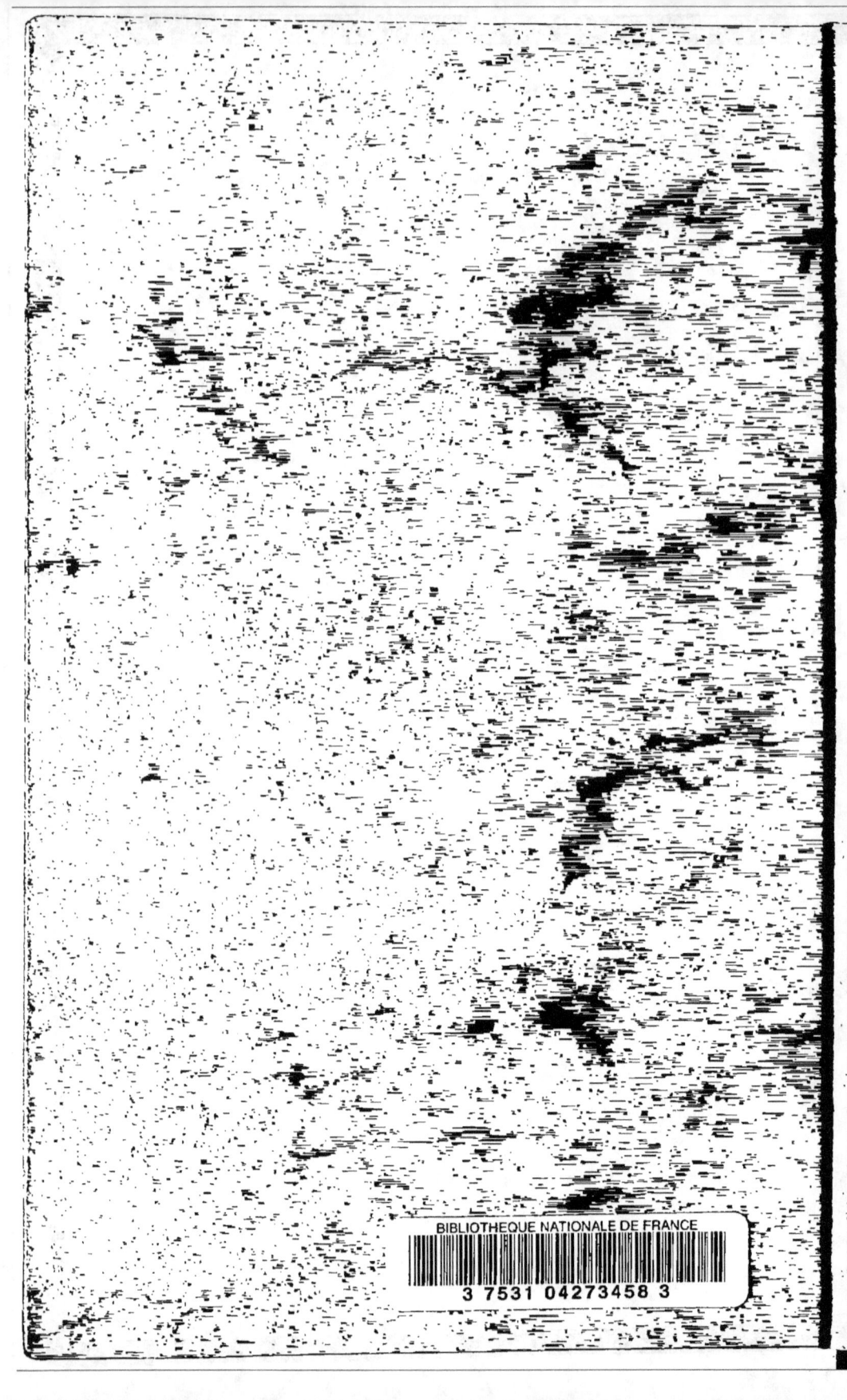

www.ingramcontent.com/pod-product-compliance
Lightning Source LLC
LaVergne TN
LVHW021006090426
835512LV00009B/2103